Johanna Jovis

Willkommen im Club!

DIE WIRKLICH WICHTIGEN MEILENSTEINE FÜR WERDENDE MAMAS

arsEdition

INHALT

Das Baby ist noch nicht einmal auf der Welt, schon stellt es deine komplett auf den Kopf: Zuerst spielen deine Hormone verrückt (das bekommst du hier und ab sofort noch ganz oft zu hören), dann dein Umfeld, dann du (Reihenfolge reversibel). Und dann: Plötzlich Mama und alles ist neu! So viel Glück einerseits und gleichzeitig so viele **fantastische** Gelegenheiten, alles falsch zu machen, sich viel zu viel zu sorgen, das Kind (wortwörtlich sprichwörtlich) mit dem Bade auszuschütten … Du fragst dich, ob es nur dir so geht? Willkommen im Club! Dem wohl allerschönsten der Welt (– trotz allem).

Entdecke als exklusives Clubmitglied 101 abenteuerliche, bedeutende, erstaunliche, epochale, fabelhafte, großartige, haarsträubende, komische, kuriose, launige, lustige, reizende, schöne, schreckliche, schrullige, staunenswerte, überraschende, übermüdete, verblüffende und wunderbare Meilensteine, die dich früher oder später auf deinem Weg zum Mamasein und darüber hinaus ereilen werden.

SCHÖN, DICH DABEIZUHABEN!

DAS ERSTE MAL, DASS DU
AHNST, DASS DU
SCHWANGER BIST

Wow.

Waaaaahoooooooooooo!

DAS ERSTE MAL, DASS DIR BEWUSST WIRD, DASS DU
WIRKLICH SCHWANGER
SEIN KÖNNTEST

POSITIVEN SCHWANGERSCHAFTSTEST IN DEN HÄNDEN HÄLTST

3. MEILENSTEIN

Ist es nicht unglaublich, was so ein Strich für Gefühle in uns auslösen kann? (Oder ein Smiley oder die Wörtchen „ja" und „schwanger" auf einem digitalen Schwangerschaftstest?) Der Moment, der dir verrät, ob dein Pipi das Schwangerschaftshormon Humanes Choriongonadotropin (HCG) enthält, müsste unbedingt in die Top Ten der aufregendsten Dinge einer Schwangerschaft, wenn es die denn gäbe.

Schon merkwürdig, dass sich manchmal die entscheidendsten Fragen unseres Lebens ausgerechnet auf der Toilette klären.

DAS ERSTE MAL, DASS DU DICH FRAGST, WAS DU MIT DEM POSITIVEN SCHWANGERSCHAFTSTEST HINTERHER ANSTELLEN SOLLST

4.
MEILENSTEIN

Behalten, in einer Zeitkapsel archivieren, verschenken, als Kunstobjekt an die Wand hängen, wegschmeißen (Bio-, Rest- oder Sondermüll) …?

Wie umgehen mit dem gebrauchten Schwangerschaftstest, der eigentlich viel mehr ist als nur ein gebrauchter Schwangerschaftstest? Ein Markstein, ein Wendepunkt, ein Einschnitt, eine Zäsur, der Auftakt zu einem neuen Leben. Wenn auch einer aus Plastik und mit eingeschränkter Haltbarkeit. Denn die meisten Tests sind nur für etwa zehn Minuten aussagekräftig, danach verblassen die Linien mit der Zeit.

(Drei klare Vorteile des Abfotografierens: platzsparend, lässt sich beliebig vervielfältigen und riecht nicht.)

DAS ERSTE
ULTRASCHALLBILD

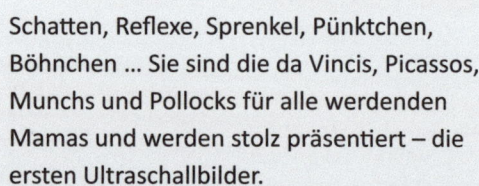

Schatten, Reflexe, Sprenkel, Pünktchen, Böhnchen … Sie sind die da Vincis, Picassos, Munchs und Pollocks für alle werdenden Mamas und werden stolz präsentiert – die ersten Ultraschallbilder.

Dank hochauflösender Geräte kann ein Spezialist bereits ab der 5. SSW den Embryo als hellen Reflex in der Fruchtblase erkennen, zwischen der 6. SSW und 7. SSW embryonale Bewegungen entdecken und das sogenannte *Gummibärchenstadium*, in dem sich Arm- und Beinknospen ausbilden, in der 8. bis 9. SSW festhalten.
Wir Laien hingegen bewundern in diesem frühen Stadium eher die … äh, Gesamtkomposition und Symbolträchtigkeit dieser fantastischen Werke.

DAS ERSTE ULTRASCHALLBILD, AUF DEM DU
WIRKLICH
ETWAS ERKENNST

6.
MEILENSTEIN

Der erste reguläre Ultraschall als Bestand-
teil der Mutterschaftsvorsorgeleistung ist
für die 9. bis 12. SSW vorgesehen. Bei dieser Untersuchung wirst du zum ersten Mal
auch den Herzschlag deines Kindes hören.
Und falls du wissen willst, welches Ge-
schlecht das kleine Wesen in deinem Bauch
hat, ist der zweite reguläre Ultraschall in
etwa der 20. SSW ideal – vorausgesetzt,
dein Baby sieht das genauso und präsentiert sich gut sichtbar.

DAS ERSTE MAL, DASS DU ES SO RICHTIG GENIESST, FÜR ZWEI ZU ESSEN

7.
MEILENSTEIN

Mmmmh ...

Tatsächlich benötigen Schwangere in der Regel nur etwa 300 Kalorien zusätzlich pro Tag. Aber wenn etwas in der Schwangerschaft so überflüssig ist wie ein DVD-Player im Auto oder ein Sandkasten in der Sahara, dann ist das **Kalorienzählen.**

Gesunde Ernährung leuchtet ein, aber wenn uns das Ungeborene lieber mal zum Donut greifen lässt als zum Apfel, dann beherzt zubeißen, Ladys. Außerdem in der Schwangerschaft erlaubt: Avocado mit Schokolade und Pizza mit Käsenudeln drauf **echt** lecker finden!

DAS ERSTE MAL,
DASS DIR SCHLECHT FÜR ZWEI IST

8.
MEILENSTEIN

Dein Körper stellt sich schon sehr schnell auf die Schwangerschaft ein.

„Deine Hormone spielen verrückt", diesen Satz wirst du dir (wie gesagt) noch oft anhören müssen.

Die Veränderung im Hormonhaushalt macht sich leider häufig durch typische Schwangerschaftsbeschwerden wie Morgen *WÜRG* übelkeit bemerkbar.

Aber keine Sorge, das ist nur eine Phase, es geht vorbei (wieder so ein Satz!).

9.
MEILENSTEIN

Haha!

I'm walking on sunshine ... lala
I'm walking on sunshine ... lala
I'm walking on sunshine ... lala
And don't it feel good – yeah!

DAS ERSTE MAL, DASS DU DIE BERÜCHTIGTEN STIMMUNGSSCHWANKUNGEN ERLEBST

10.
MEILENSTEIN

Sollen sie ruhig alle deinen Mutter-Zorn spüren ...
Die Hormone Progesteron und Östrogen werden
für Stimmungsschwankungen in der Schwangerschaft verantwortlich gemacht. Besonders wechselhaft kann es dabei in den ersten 12 Schwangerschaftswochen werden. In dieser Zeit treten
üblicherweise die heftigsten Hochs und Tiefs in
Erscheinung. Keine Sorge, sie ziehen allmählich
vorüber.
Schon bald hast du dich in deinem neuen Leben
eingerichtet und dein Körper sich an die Schwangerschaftshormon-Attacken gewöhnt. Dann
wird's wieder sonnig, allenfalls locker bewölkt.
Zunehmend freundlich.

Ha!

DAS ERSTE MAL, DASS DU DEIN BABY IM BAUCH SPÜRST

Oooooooooooh ...

Die ersten Bewegungen spürst du so zwischen der 18. und 25. SSW. Und es ist gar nicht so leicht, sie zu beschreiben. Viele Mamas vergleichen das Gefühl mit zarten Schmetterlingsflügeln, die sie streifen, andere mit feinen Blubberbläschen – oder völlig unromantisch: mit Darmbewegungen. (So oder so: ein unvergleichlich emotionales Erlebnis für die werdende Mama.)

12.
MEILENSTEIN

DAS ERSTE MAL, DASS DEIN BABY DICH TRITT

Oh!

Wir lassen das Kapitel „Schmetterlingsflügel" hinter uns und werden direkt in eine Episode aus *Alien – Das unheimliche Wesen aus einer fremden Welt* hineinkatapultiert oder mitten ins Elfmeterschießen während eines Champions-League-Finales.

(Das Gute daran: Du weißt jetzt, dein Kind ist **topfit**.)

DAS ERSTE MAL, DASS DIR AUFFÄLLT, WIE VERGESSLICH DU GEWORDEN BIST ...

WO SIND DIE SCHLÜSSEL?

WIE WAR GLEICH DER NAME?

Vergesslichkeit, Schusseligkeit, Verwirrtheit und sogar Wortfindungs... findungs... dingsbums – **Wortfindungsstörungen**! – treten in der Schwangerschaft relativ häufig auf.
Die englische Bezeichnung für dieses Phänomen lautet *Baby Brain*. Weniger niedlich hört sich dagegen das deutsche Äquivalent an: *Schwangerschaftsdemenz*. Es lässt dich gefühlt um mindestens 20 Jahre altern. Aus medizinischer Sicht fehlt dir allerdings rein gar nichts und deine Beschwerden sind zum Glück nur vorübergehend.

Über die Ursachen der Schwangerschaftsdemenz streiten sich selbst die Experten. Hatte man früher vor allem noch das Milchbildungshormon Prolaktin im Verdacht, neigt man heute eher dazu, die Symptome auf die veränderten Lebensumstände und den neuen Fokus der Mutter zurückzuführen. Das Baby rückt in den Mittelpunkt, alles andere ist leicht zu vernachlässigen.

HATTEN WIR NICHT UM DREI UHR GESAGT?

?

WIE SAGT MAN NOCH MAL?

WER WAR DAS?

WAS WOLLTE ICH GERADE?

IRGENDETWAS WOLLTE ICH DOCH NOCH ...

WO IST DER NOTIZZETTEL?

F...! WO IST DIE EINKAUFSLISTE?

Am besten ist es, die kognitiven Aussetzer mit Humor zu nehmen. Das, was wirklich zählt, ist schließlich sicher in deinem Bauch aufgehoben – keine Gefahr also, es irgendwo liegen zu lassen HAHA .

Nein, im Ernst. Mach dir keine Sorgen. Spätestens nach dem Stillen bist du wieder auf Zack wie eh und je. (Ach ja, fast vergessen, –UPPSI– die Stilldemenz gibt es nämlich auch noch ...)

14. MEILENSTEIN

Toll!

DAS ERSTE MAL,
DASS DU MIT DEINEM BABYBAUCH OHNE FREMDE HILFE
NICHT MEHR HOCHKOMMST

15. MEILENSTEIN

Na toll ...

FLUCH

DAS ERSTE MAL, DASS DU DEINEN BABYBAUCH VOR FREMDEN ÜBERGRIFFEN BESCHÜTZEN MUSST

Ernsthaft, käme irgendjemand auf die Idee, einem völlig Fremden den Bauch zu tätscheln? Noch nicht einmal an knuffige, treuherzig blickende Hunde wagen wir uns in der Regel ohne vorheriges Einverständnis der Besitzer. Warum ausgerechnet bei Schwangeren alle sozialen Konventionen über den Haufen geworfen werden, ist und bleibt ein Mysterium. Heiliger Strohsack! – Dein Babybauch ist **kein** Glücksbuddha, den alle einfach so mal streicheln dürfen!

DAS ERSTE MAL, DASS DU DIR
BEQUEMERE SCHUHE
KAUFST

17.
MEILENSTEIN

aah... *SEUFZ* Was einem vorher natürlich niemand sagt: Die Füße scheinen in der Schwangerschaft „magisch" zu wachsen und breiter zu werden. Schuld sind die Schwangerschaftshormone – ja klar, wer denn sonst?! –, die das Gewebe weicher machen. Außerdem weiten sich die Venen und oft lagert sich Wasser ein. *NA PRIMA!*

Gegen Ende der Schwangerschaft müssen deine Beine und Füße durchschnittlich 14 Kilo mehr stemmen. Durchaus verständlich, wenn sie da etwas in die Breite gehen ...

So long, my loves ...

aah ... *STÖHN* Auch so ein Moment, der nicht gerade in die Kategorie „Romantischer Schwangerschaftstagebuch-Eintrag" fällt. Dein Babybauch wächst und wächst. Spätestens ab dem 5. Monat sieht alle Welt, dass du schwanger bist. Im 9. Monat legt deine Kugel noch einmal richtig zu. Und während du in der Regel stolz deinen Babybauch voranschiebst, gibt es da auch Dinge, die dir irgendwann (selbstständig) einfach nicht mehr möglich sind. Zum Beispiel deine Füße von oben zu sehen. Pediküre. Oder eben Schuhe binden. (Professionelle Fußpflege und Schuhe zum Reinschlüpfen geben dir ein Stückchen Würde zurück.)

DAS ERSTE MAL, DASS DIR (SELBST) AUFFÄLLT, DASS DU **WATSCHELST**

19.
MEILENSTEIN

Aaah!

ERSTE BEHÖRDENGÄNGE
(UND PAPIERKRAM)
FÜRS KIND

20.
MEILENSTEIN

Herzlichen Glückwunsch, deine Schwangerschaft berechtigt dich exklusiv an der Teilnahme eines Behörden-Marathons, für den du dich ab sofort warm laufen kannst.

Hier einige der Dinge, die du (möglicherweise) in Angriff nehmen darfst:

- ☐ Vaterschaft anerkennen lassen
- ☐ gemeinsames Sorgerecht vereinbaren
- ☐ Mutterschaftsgeld beantragen
- ☐ Elternzeit anmelden
- ☐ Geburtsurkunde ausstellen lassen
- ☐ die Geburt mitteilen
- ☐ den Nachwuchs beim Einwohnermeldeamt anmelden
- ☐ Familien-Krankenversicherung beantragen
- ☐ Elterngeld beantragen
- ☐ Kindergeld beantragen
- ☐ Betreuungsplatz suchen
- ☐ Kinderreisepass ausstellen lassen …

LETZTE BEHÖRDENGÄNGE
(UND PAPIERKRAM) FÜRS KIND

21.
MEILENSTEIN

Nie!
Vergiss es.
Denkste.

DAS ERSTE MAL, DASS DU EINEN SITZPLATZ
ANGEBOTEN BEKOMMST

DAS ERSTE MAL, DASS DU (D)EINEN SITZPLATZ
EINFORDERN MUSST

23. MEILENSTEIN

DAS ERSTE MAL, DASS DU
NIEDLICHE BABYSACHEN
KAUFST

Seufz! *HIN UND WEG* Von zuckersüß bis frech – die Auswahl ist riesengroß. Winzige Schühchen, Strampler mit bezaubernden Motiven, knopfäugige Kuscheltierhorden, die einen geradezu anflehen, aus dem Regal mitgenommen zu werden, kesse Ringelsocken und flauschige Teddyjäckchen. Selbst der härteste Shopping-Skeptiker wird hier irgendwann schwach. Und das ganz ohne schlechtes Gewissen, denn es ist ja schließlich fürs Kind!

Dem wird es allerdings noch lange piepegal sein, was sich unter den ganzen Spuckflecken, Breispuren, Klecksen und Schlieren verbirgt.

DAS ERSTE MAL, DASS DU
UMSTANDSHÖSCHEN
KAUFST

Seufz ... Zugegeben, mit Höschen haben die quadratischen Oma-Schlüpfer, die jetzt praktisch sind, nichts mehr zu tun – dafür sind die Teile superpraktisch und für die nächsten Monate die erste Wahl.

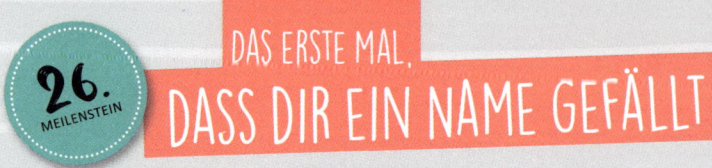

DAS ERSTE MAL,
DASS DIR EIN NAME GEFÄLLT

(UND DANN PLÖTZLICH NICHT MEHR)

Wenn du nicht zu den seltenen Exemplaren gehörst, die schon seit frühen Kindertagen wissen, welchen Namen ihr Sprössling einmal tragen soll, und es in deiner Familie keine geliebten Urgroßeltern oder sonstige Berühmtheiten gibt, die zeitlebens mit einem wohlklingenden, sympathischen Namen gesegnet waren, wirst du irgendwann vielleicht die üblichen Namenshitlisten, Zeitschriften, Bücher und Ratgeber durchstöbern.

Plötzlich entdeckst du **ihn** – ein Name, der klingt! Nach einer großen Persönlichkeit. International, altersstufenübergreifend, harmoniert mit dem Nachnamen; genau die richtige Mischung aus exotisch und beliebt.

PERFEKT! ...

(Fünf Minuten später:
Ach nee, doch nicht.)

DAS ERSTE MAL, DASS DIR BEI DER NAMENSSUCHE KLAR WIRD, WEN DU ALLES NICHT AUSSTEHEN KANNST

Sophia, so hieß doch die stupsnasige Kuh in der Grundschule, die wirklich **alle** Mädchen aus deiner Klasse zu ihrem Geburtstag eingeladen hat, nur nicht dich; irgendeine Amélie hat dir damals beim Frankreich-Austausch den Freund ausgespannt, ein Lukas hat dich im Sandkasten gehauen, und ein Bernd schuldet dir bis heute Geld – zumindest aber mal eine Erklärung …

28.
MEILENSTEIN

Lala! ...

29.
MEILENSTEIN

TROCKENTRAINING

30.
MEILENSTEIN

Dein neuer Personal Trainer und Coach tritt in der Regel in der zweiten Schwangerschaftshälfte in Form von Übungs-wehen, auch *Probewehen*, *wilde Wehen* oder *Braxton-Hicks-Kontraktionen* genannt, auf.

Er trainiert die Gebärmutter einige Wochen vor der Geburt und macht sie fit für das große Finale. Hier und da äußern sich deine lockeren Trainingseinheiten als ein unkoordiniertes Zucken der Gebärmuttermuskulatur, später kann es intensi-ver werden und zielgerichteter verlaufen. Dein Bauch wird hart, ansonsten sind die Übungswehen eigentlich schmerzlos. Etwa ab der 32. SSW erstrecken sich die Muskelkontraktionen dann über die ganze Länge der Gebärmutter.

Kurz vor der Zielgeraden wird die sanfte Trainingsmethode von Vor- und Senkwehen abgelöst, welche ein erstes Anzei-chen für die bevorstehende Geburt sind. Du steigst jetzt in eine höhere Liga auf …

Ab jetzt wird mit härteren Bandagen gekämpft – teile aus, quetsche Hände ab, nimm deinen Partner in den Klammergriff … (fast) alles, was dir hilft, ist jetzt erlaubt.

Die richtige Atemtechnik kann wertvolle Ressourcen schonen, ebenso das Nutzen von Verschnaufpausen. Traubenzucker sorgt für den Energy-Boost zwischendurch. Runde um Runde schlägst du dich durch. Auf deine ganz eigene Weise. Von den Eröffnungswehen über die Presswehen bis zu den Nachwehen.

Wie sagte Muhammad Ali einmal so schön:
„Champions werden durch etwas gemacht, das sie in sich tragen: ein Verlangen, einen Traum, eine Vision."
Wir ergänzen: ein Baby!!!

DAS ERSTE MAL (VON VIELEN), DASS DU GEFRAGT WIRST: „WANN IST ES DENN ENDLICH SO WEIT?!"

32. MEILENSTEIN

Das Warten auf Tag X gehört zur Schwangerschaft wie der Mutterpass zur Mami. Der errechnete Geburtstermin ist lediglich ein Anhaltspunkt. 40 Wochen vorbei und von Wehen nicht die geringste Spur? Eine Schwangerschaft bis zur 42. Woche ist völlig normal. Manchmal lässt der Nachwuchs sogar noch länger auf sich warten. Nur 9 % aller Babys kommen pünktlich zur Welt, 49 % bevorzugen die „Hoppla, hier bin ich"-Überraschungsvariante und kommen vor dem errechneten Termin und 42 % wählen die gemütliche Bummel-Variante. Die meisten Geburten weichen jedoch höchstens etwa 10 Tage vom Termin ab.

Wie sieht es bei dir aus? Du bist (noch) die Ruhe selbst?

HEY, ICH WOLLTE MAL FRAGEN, OB SICH ETWAS GETAN HAT?

WIE SIEHT'S AUS?

SOLLTE ES JETZT NICHT BALD MAL KOMMEN?

WANN IST ES DENN ENDLICH SO WEIT?

AUGENBLICK, ICH WERFE EINEN BLICK IN MEINE GLASKUGEL …

Du hast sogar den alten Füchsinnen-Tipp beherzigt und Familie, Freunden und Bekannten einen späteren Geburtstermin genannt als den eigentlich berechneten, damit nicht kurz vor der Zielgeraden plötzlich die Heiligen Drei Könige nebst Schwiegermutter, Taufpatin in spe und Großonkel mit ihren kostbaren Gaben und niedlichen Stramplern vor der Tür stehen (und diese blockieren, wenn's denn mal wirklich losgehen sollte). Aber das scheint dein Umfeld wenig zu beeindrucken und es wird langsam, aber sicher **nervös**?

WANN WAR NOCH MAL DER TERMIN?

OH MANN, BIST DU NERVÖS?

SEID IHR SCHON ZU DRITT/VIERT/…?

HERZLICHEN DANK, JA, JETZT IRGENDWIE SCHON!

Gegen Ende der Schwangerschaft richtet sich dein ganzer Körper auf die bevorstehende Geburt ein.

Die Wassereinlagerungen vergrößern sich, dein Bauch wächst munter weiter – du musst ständig zur Toilette DRIIINGEND!, bist ungefähr so gelenkig und wendig wie ein Wal am Timmendorfer Strand, kannst, sollst und darfst auch nicht mehr auf dem Rücken liegen, und deine Schuhe anzuziehen fällt in die Kategorie Hochleistungssport – die meiste Zeit kannst du deine Füße ja noch nicht einmal sehen! Ganz zu schweigen von der Nassrasur und anderen alltäglichen Dingen. So ganz allmählich beginnst du, dir die Geburt und eine „bauchfreie" Zeit herbeizusehnen.

☐ Kliniknummer gespeichert.
☐ Auto getankt.
☐ Tasche gepackt.

☒ Kliniknummer gepackt.
☒ Auto gespeichert.
☒ Tasche getankt.

DAS ERSTE MAL
GEBÄREN

DAS ERSTE MAL, DASS DU GEFRAGT WIRST, WAS DU MIT DEINER PLAZENTA MACHEN MÖCHTEST

Die Plazenta, auch Mutterkuchen oder Nachgeburt genannt, hat dein Baby während deiner Schwangerschaft ernährt. Schön und gut. Aber was UM HIMMELS WILLEN sollst *du* damit?!, fragst du dich völlig entgeistert und offenbar vollkommen naiv. Denn heutzutage gibt es zahlreiche Verwendungsmöglichkeiten der Plazenta, der unter anderem auch Heilkräfte zugeschrieben werden. Wie wäre es also mit aufbewahren, essen oder ein Bäumchen darauf pflanzen? Kosmetik oder Globuli daraus herstellen lassen?

Aber vielleicht hast du im Moment auch Wichtigeres zu tun als Gartenarbeit oder Essenszubereitung …

**DAS ERSTE MAL,
DASS DU DEIN KIND SIEHST**

**DAS ERSTE MAL, DASS DU
BEGREIFST,
DASS DU GERADE ZUM ERSTEN MAL
DEIN KIND SIEHST**

41.
MEILENSTEIN

DAS ERSTE MAL, DASS DU DEIN KIND IN DEN ARMEN HÄLTST

42. MEILENSTEIN

ICH HAB DICH SOO *lieb* ...

DAS ERSTE MAL, DASS DEIN KIND DICH UMARMT

43. MEILENSTEIN

(Ein „Weilchen" später.)
(Siehe zu „Zeitphänomene"
auch Meilenstein 83.)

SOOOO *lieb* HAB ICH DICH! ...

Wenn du dich dazu entschieden hast zu stillen, wirst du tagsüber etwa alle zwei bis drei Stunden und auch nachts gefordert sein. Du hast dir einen Stillplan zurechtgelegt? Genial. Nur schade, dass dein Baby weder Ratgeber liest noch sich an feste Zeiten hält.

Manche Babys sind „Schluckspechte" und innerhalb von 15 Minuten satt, andere sind wahre „Genusstrinker" und bleiben über eine Stunde lang an der Brust. In der Regel ist der erste Stillmonat der anstrengendste. „Anstrengend", das ist der Teil, der gerne in sämtlichen Ratgebern und Broschüren ausgespart wird, in denen alles immer so *magisch* ist. Magisch? Natürlich. Darüber hinaus gibt es aber noch einige trefflich umschreibende Adjektive mehr, wie zum Beispiel: hundemüde, übernächtigt, ausgelaugt, entzündet, erschöpft, geschwollen, schmerzhaft, fordernd …

(*Ja-a-a,* Stillen darf man auch mal echt doof finden.)

DAS ERSTE MAL, DASS DEIN BABY ZUBEISST

Babys erster Zahn bricht vielleicht mit sechs, sieben Monaten durch, andere Kinder bleiben viel länger zahnlos oder kommen sogar schon mit Zähnchen zur Welt.

Nicht alle Mütter kommen in den Genuss dieses Meilensteins, aber wer ihn erlebt, wird ihn wohl nicht vergessen. Warum dein Baby zubeißt, kann mehrere Gründe haben: Vielleicht hat es Schmerzen im Mund (vom Zahnen oder aufgrund einer Entzündung), und eine natürliche Reaktion auf Schmerzen ist leider nun mal, die Zähne zusammenzubeißen. Möglicherweise setzt dein Milchfluss nicht schnell genug ein, oder der Geschmack deiner Milch hat sich verändert, sodass dein Kind frustriert ist. Vielleicht ist es aber auch nur einen Moment lang abgelenkt und beißt unabsichtlich kurz vor dem Einschlafen zu … Was kannst du tun? Wenn du den Eindruck hast, dein Baby ist wieder kurz davor, stecke beherzt deinen kleinen Finger dazwischen. Auch ein entschiedenes „Nein" kann vielleicht helfen.

DAS ERSTE MAL, DASS DU DEN WINZIGEN BODYAUSSCHNITT UNTER WIDRIGSTEN UMSTÄNDEN ÜBER DEN VIEL ZU GROSSEN BABYKOPF ZIEHST …

46. MEILENSTEIN

Die meisten Neugeborenen können es überhaupt nicht leiden, wenn man ihnen etwas über den Kopf zieht – schon gar nicht den Body. Du fragst dich: Wie zum Kuckuck kommt das Kind da rein? Und wie war das gleich noch mit dem Kamel und dem Nadelöhr?

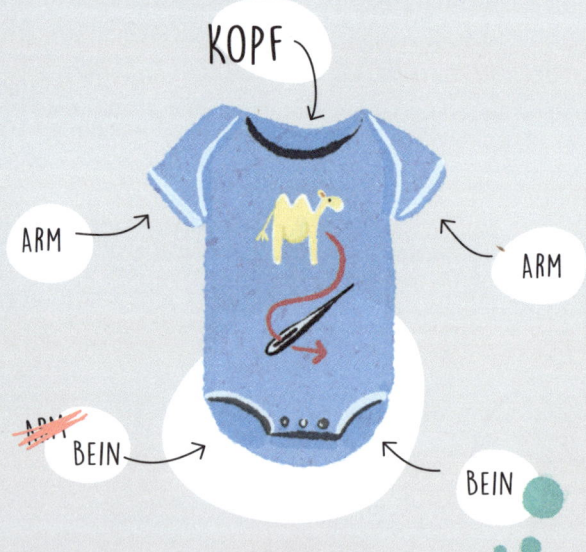

KOPF

ARM

ARM

~~ARM~~ BEIN

BEIN

So viel zur Theorie:

- ☐ Vorab frische Kleidung zurechtlegen.
- ☐ Baby behutsam ausziehen, vor allem am Kopf- und Halsbereich. Alle Knöpfe öffnen, Ausschnitte weiten, so gut es eben geht.
- ☐ Kind auf den Rücken legen, sanft am Hinterkopf anheben, den (geweiteten) Ausschnitt unter Babys Köpfchen legen, anschließend erst über Hinterkopf, dann Stirn und Gesicht ziehen.
- ☐ Das Baby möglichst wenig in Kontakt mit dem Stoff bringen, das ist a. fürs Kind angenehmer und b. erspart dir Protestgeschrei.
- ☐ Ärmel aufrollen und in die Öffnung greifen, um das kleine Patschhändchen zu greifen und hindurchzuziehen. Anschließend Ärmel auf dem Arm des Babys wieder abrollen. Ggf. Knöpfe schließen. **Fertig!**

Egal, wie oft du vorher an einer Puppe geübt haben magst: Wenn das zerbrechliche, winzige Wesen so vor dir liegt, während du besagtes Kleidungsstück in den Händen hältst, wird plötzlich alle Theorie grau. (Argh, dabei sieht das auf dem YouTube-Video so **einfach** aus!)

Glücklicherweise sind Babys bei kleineren Kopfplumpsern, Geziehe und Geziepe nicht nachtragend – auch wenn es im Moment anders klingen mag. Und übrigens sind Wickelbodys eine feine Alternative. (Sollte einem jemand mal vorher sagen.)

Wickeln ist auch so eine Sache, die (leider) nicht in unseren Mama-Genen verankert ist. Die ersten Versuche sind vielleicht für die Tonne, aber Übung macht die Meisterin. Wie oft muss ich wickeln? Wie fasse ich mein Baby an, ohne ihm wehzutun? Wie war das gleich noch mal mit dem hüftschonenden Wickeln? Wie die Nabelkompresse richtig anbringen? Und womit geht dieser klebrige schwarz-grüne Schmodder – sorry, das *Mekonium* – am besten weg?

Wickeln ist mehr als nur tägliche Hygiene. Es ist ein intimes Ritual, das Zeit beansprucht und die Verbindung zwischen dir und dem Baby stärkt. Wenn auch nicht alle Windeln perfekt an Babys süßem Po sitzen, so bist du vielleicht unschlagbar im Killekille machen, Massieren und Küsschengeben. HA!

WAS HABEN ELTERN WOHL GEMACHT, BEVOR ES KLEBEBAND GAB …?

DAS ERSTE MAL, DASS DIE WINDEL EXPLODIERT

48.
MEILENSTEIN

Achtung, Stinkbombe! Zum ersten Mal tritt der Windel-inhalt über die Peripherie der Windel hinaus. Entlang des Rückens verläuft eine Spur der Zerstörung. Inmitten von Panik und Chaos trittst du den geordneten Rückzug an, das Kind sicher auf deinem – weit von dir ausgestreckten – Arm. Zum Entschärfen ist es zu spät, jetzt stehen die Aufräum-arbeiten an. Es gilt, Stellung zu beziehen und olfaktorische Reize einzudämmen.

Das Wichtigste: Lass dich nicht stressen. Negative Schwin-gungen werden vom Baby sofort enttarnt und Widerstand könnte sich unverzüglich formieren. Bevor dein Baby auf der Welt war, hast du nicht einmal geahnt, dass Stuhl in so vielen Farben und Formen vorkommen kann.

Jetzt bist du gerüstet.
Du bist vorbereitet auf das, was nun kommt.
Du bist die Frau der Stunde.
 TSCHAKKA! **Die Welt braucht dich.**

DIE ERSTEN MALE (NACH DER GEBURT) AUFS TÖPFCHEN

49. MEILENSTEIN

Läuft ... Nachdem du dein Kind in etwa der Größe einer Melone aus dir rausgepresst hast, ist da unten nicht mehr alles so in Form wie zuvor. Geburtsbedingte Verletzungen wie Schürfungen, Risse oder Schnitte heilen in den ersten Wochen ab. Aber zur Toilette musst du garantiert **davor**.
Das hilft: Optimal ist ein Bidet, aber eine Gießkanne oder eine Flasche lauwarmes Wasser tun es auch; während des Pipimachens darübergießen und danach abspülen. Neben Wasser helfen auch kalter Kamillentee oder eine Arnikalösung.

DAS ERSTE MAL, DASS DU DIR SCHWÖRST, DIE BECKENBODENÜBUNGEN VON NUN AN AUCH REGELMÄSSIG ZU HAUSE ZU MACHEN

Läuft!

50. MEILENSTEIN

AUF DEM TÖPFCHEN

51.
MEILENSTEIN

Läuft 's?

Der erste Gang aufs Töpfchen gleicht einem nationalen Großereignis: ein großer Schritt für einen kleinen Menschen, ein Quantensprung für die Eltern. Im Durchschnitt wirst du dein Kind etwa 6000-mal gewickelt haben, bevor es trocken wird. Anfangs sogar sechs bis acht Mal am Tag.

Das Trocken- und Sauberwerden ist ein individueller Prozess, der viel Geduld und Übung braucht. Mit 28 bis 32 Monaten werden Kinder im Durchschnitt trocken, bei einigen kann es aber – wie immer – auch wesentlich länger dauern. „Aa" klappt meist schon früher, kontrolliert „Pipi machen" gelingt oft erst ein bisschen später.

DAS ERSTE MAL,
DASS DU DEIN BABY PUCKST

52.
MEILENSTEIN

Gepuckte Babys schlafen besser und ruhiger, versprechen Studien verheißungsvoll. Und mehr Schlaf kannst *du* definitiv gut gebrauchen, verraten deine Panda-Augen.

Also lässt du dir das Pucken von einer erfahrenen „Puckerin" zeigen, denkst: „Alles klar, läuft!", und legst los: Nachdem du das Tuch vorschriftsmäßig Lage für Lage um dein (noch) williges Baby gewickelt hast, sieht es aus wie die kleine Raupe Nimmersatt – und zwar nachdem sie sich durch das gesamte Buch gefressen hat.

Anstatt aber ruhig und zufrieden einzuschlummern, wehrt sich dein kleiner Wurm lautstark (strampeln kann er ja nun nicht mehr). Schicht um Schicht „entpuckst" du das Bündel also wieder. Du wiederholst den Vorgang so lange, bis du schließlich zur Einsicht gelangst, dass die „Wundermethode" dein Baby völlig unbeeindruckt lässt.

(Stattdessen gehst du los und besorgst dir in der Drogerie Augencreme und Kosmetika.)

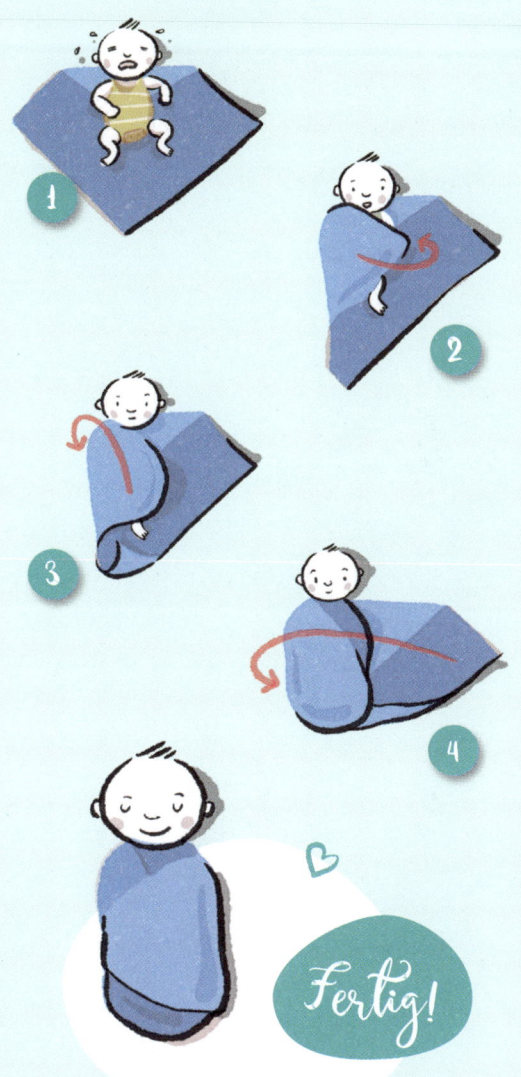

Fertig!

EUER ERSTER AUSFLUG
NACH DRAUSSEN

Endlich angezogen. Alles dabei? Decke, Schnuller, Fläschchen, Wickelutensilien, Wechselklamotten, Lieblingsrassel, Regenschutz, Mückenschutz, Moltontuch, Geldbeutel, Handy, Notfall-Kit, Schlüssel ... Baby? **Yeah, los geht's!**

DAS ERSTE MAL
MIT DEM KINDERWAGEN UNTERWEGS

MIT TRAVELSYSTEM →
UND MAXIKOMFORT

Über eine Stunde hat es gedauert, dein Baby fertig zu machen und alles zu packen. Du selbst hast gerade einmal fünf Minuten gebraucht. Dann geht es los.

Die Sonne scheint, die Vögel zwitschern, dein Kind schlummert zufrieden, neugierige Passanten werfen bewundernde Blicke in den Wagen, du lächelst selig …

DAS ERSTE MAL
KINDERWAGEN-BOYKOTT

TROTZ TRAVELSYSTEM ↙
MIT MAXIKOMFORT

Drei Minuten später endet die Kinderwagen-Tour. Dein Baby schreit sich die Seele aus dem Leib und lässt sich nur auf dem Arm beruhigen. Zum Glück hast du das Tragetuch dabei und kannst es überzeugen umzusteigen.

Die Sonne scheint, die Vögel zwitschern, dein Kind schlummert zufrieden, neugierige Passanten werfen euch bewundernde Blicke zu, du lächelst selig und schiebst den leeren Kinderwagen (mit *Travelsystem* und *Maxikomfort*) vor dir her …

DAS ERSTE MAL, DASS DU ETWAS WIRKLICH WICHTIGES VERGESSEN HAST

ZUM BEISPIEL DAS SONNENSEGEL ODER EIN TUCH

Nie hättest du gedacht, was für ausgeklügelte Tänze du vor dem Kinderwagen aufführen kannst, nur um mit Einsatz deines ganzen Körpers die Sonnenstrahlen davon abzuhalten, dein Baby zu treffen.

DAS ERSTE MAL, DASS DIR DER BUGGY/KINDERWAGEN NACH HINTEN KIPPT

DAS ERSTE MAL, DASS IHR IN DEN ÖFFENTLICHEN UNTERWEGS SEID

DAS ERSTE MAL, DASS DU VERGISST, DIE KINDERWAGENBREMSE FESTZUSTELLEN

DAS ERSTE MAL, DASS DU VOR STOLZ PLATZEN KÖNNTEST, WEIL DEIN BABY ETWAS NEUES KANN ...

60.
MEILENSTEIN

Jede Mutter bringt das schönste, beste und tollste Baby zur Welt. Und wenn das schönste, beste und tollste Baby plötzlich etwas kann, was es vorher noch nicht konnte, ist das **unglaublich**!

Wir kommen ihm nicht aus, er scheint in unseren Genen verankert zu sein, der Mutterstolz. Also brechen wir in frenetischen Jubel und Beifallsstürme aus, sobald unser Nachwuchs etwas Neues kann – zum Beispiel:

Sachen herunterwerfen.

61. MEILENSTEIN

Dein Kind ist einzigartig, einmalig, unvergleichbar ... dennoch realisierst du plötzlich, während du zu Tom, Anna-Frida und Elmo hinüberschielst, dass alle drei sich bereits drehen, während dein Nachwuchs offensichtlich noch nicht einmal im Ansatz daran denkt. Und auch weiterhin zufrieden liegen bleibt, während Alma, Gretchen und Paul bereits ihre ersten Krabbelversuche unternehmen und sicher bald ihre ersten Schritte. Was stimmt da nicht?

Nichts stimmt nicht. Vergiss es. Es ist alles in bester Ordnung. Dein Wonneproppen wird sich drehen, robben, krabbeln, hochziehen, laufen, plappern ... wann auch immer die Zeit dafür gekommen ist.

(Eine kleine, gemeine, aber völlig harmlose Unterstellung hilft uns dabei, uns zu beruhigen: Vermutlich werden Tom, Anna-Frida und all die anderen Kinder täglich **gedrillt**. HA!)

BABYS ERSTES LÄCHELN,
DAS ES DIR SCHENKT

62. MEILENSTEIN

Es entschädigt für vieles: schlaflose Nächte, geschwollene Riesenbrüste, schlaffes Gewebe, schmerzende Füße, Wochenbett, Rotz&Wasser-Heultage, geschwächter Beckenboden … Bereits ab etwa sechs Wochen nach der Geburt kann dein Baby dir sein erstes bewusstes Lächeln schenken.

(Später wird dein Kind etwa 400-mal am Tag lachen, während wir Erwachsene es durchschnittlich gerade mal auf 15 müde Schmunzler bringen.)

BABYS ERSTE KOPFNUSS,
DIE ES DIR VERPASST

63. MEILENSTEIN

(VERSEHENTLICH.)
(VIELLEICHT AUS ÜBERMUT.)
(SCHMERZHAFT ALLEMAL.)

Weitere beliebte Varianten sind: aufs Auge hauen, ins Auge stechen, ins Ohr kneifen, im Ohr bohren, in Weichteile treten, in die Nase oder den Finger beißen … (siehe auch Meilenstein 45).

BABYS ERSTES WORT

64.
MEILENSTEIN

Etwa ab dem Alter von vier Monaten brabbelt dein Baby fröhlich vor sich hin und experimentiert mit Schnalzgeräuschen und unterschiedlichen Lautstärken. Mit ungefähr einem Jahr kann es erste – verständliche – Worte artikulieren. Die Klassiker: „Mama" und „Papa".

Frustrierend wird es, wenn dein Baby scheinbar alles faszinierend und toll, sprich erwähnenswert, findet, außer „Mama": Papa, Baby, Auto, Ball, Buch, ja, nein, Hund (Wauwau), Schnuller (Nuni), Miau, haben (ham), da …

… UND DAS EINE WORT DEINES KINDES, DAS DU IHM NIEMALS BEIBRINGEN WOLLTEST

65.
MEILENSTEIN

Sch…!

DER ERSTE BABYBREI, DEN DU (SELBST) KOCHST

66. MEILENSTEIN

Du organisierst dir Ratgeber und Babykochbücher, liest dich durch Dutzende Forenbeiträge, machst einige Feldversuche mit anschließender Selbstverkostung, bis du schließlich **das** Rezept in schlicht genialer Zusammensetzung gefunden hast: Möhrenbrei ohne Salz und Gewürze. Die Beikost-Zeit wird fröhlich eingeläutet und endlich kommen auch die süßen Lätzchen zum Einsatz. Den kulinarischen Gaumenkitzel servierst du wohltemperiert (mittels Wärmesensor-Löffel, um ganz sicher zu gehen). Und: Dein Baby haut rein – wortwörtlich.

DER ERSTE BABYBREI, DEN DU (SELBST) VON BODEN UND WAND KRATZT

67. MEILENSTEIN

Die mathematische Formel ist ganz einfach: Ein Löffel in Babys Magen, der Rest deines liebevoll gekochten Breis landet auf Lätzchen, Boden und an der Wand. Zum Glück geht es bei der Einführung von Beikost in erster Linie nicht darum, Nährstoffe und Kalorien zuzuführen, sondern vor allem darum, neue sensorische Erfahrungen zu vermitteln. Und die macht nicht nur dein Kind: Du wirst Breireste an den ausgefallensten Stellen finden und entfernen dürfen, von denen du wahrscheinlich niemals herausfinden wirst, wie sie überhaupt jemals dorthin gelangen konnten.

DER ERSTE BABYBREI,
DEN DU (SELBST) KOCHST

↑
NICHT

Allen guten Vorsätzen zum Trotz greifst du möglicherweise irgendwann doch zum Gläschen. Verstohlen schleichst du um das Regal mit der Baby-Fertigkost. Und du bist dir ganz sicher: In diesem Moment richten sich alle Mütter-Augen im Supermarkt auf dich.

69.
MEILENSTEIN

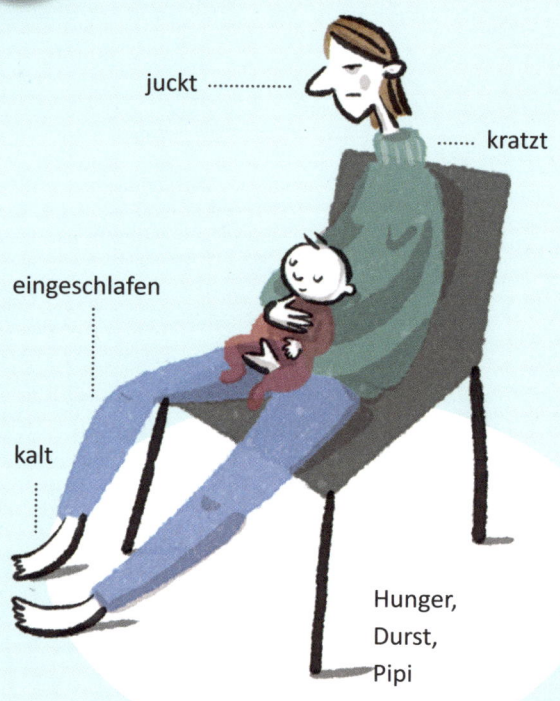

juckt ·············

········ kratzt

eingeschlafen

kalt

Hunger,
Durst,
Pipi

70.
MEILENSTEIN

Ob alles in Ordnung ist? (nervös)
Es ist so ruhig. (lauscht)
Ich gehe einmal nachsehen ... (steht auf)

ATMET ES?

Vorgang wiederholt sich halbstündlich.

DAS ERSTE MAL, DASS DU NICHT EINSCHLAFEN KANNST, OBWOHL DU **HUNDEMÜDE** BIST

(UND VERMUTLICH NICHT DAS LETZTE MAL)

Yeah, Papa/Oma/irgendjemand kümmert sich um das Kind und du kannst endlich **schlafen**! Nein, kannst du nicht. Du stellst fest, dass sich dein Rhythmus noch nicht so sehr mit der Tatsache angefreundet hat, dass jetzt ein wenige Wochen altes Kind den Tagesablauf diktiert.

Und nun soll sich dein Körper plötzlich umstellen? Pustekuchen.
Nachmittagsschläfchen? Ich bitte dich!
Hast du zuletzt gemacht, als du drei Jahre alt warst.
PFFF. Und noch bist du keine 90.

(Später wird es andere Gründe geben, warum du kein Auge zumachst: Dein Kind schleppt eine Gastroenteritis an, dein Kind übernachtet zum ersten Mal auswärts, dein „Kind" zieht nachts um die Häuser, um die ganze Welt oder bei dir aus …)

71.
MEILENSTEIN

DAS ERSTE MAL,
DASS DU VOR DEINEM KIND
EINSCHLÄFST

72.
MEILENSTEIN

Okay, irgendwo zwischen Kapitel 16 und 20 der heiteren
Räuber- und Bärengeschichten hast du den Faden verloren,
zwei Kapitel später dein Bewusstsein.
Dein (geschätzter) Sekundenschlaf wird durch zwei kräftige
Patschhändchen unterbunden und ein vorwurfsvolles Paar
Augen heftet sich auf dich. „Uuund?!!", fordert dein Nach-
wuchs sein kindliches Recht auf ein Happy End.
Du denkst dir etwas aus.
Irgendetwas.
(Bär tot, Räuber erschossen, HA HA .)

Uähhh!

Da hast du dein Kind die ganze Zeit im Auge, 7 Tage die Woche, 24 Stunden rund um die Uhr, und in einem einzigen, winzigen Augenblick, in dem du mit halbem Auge gerade woanders hinschielst (brauner Fleck an der Wand – was *ist* das?! / Schokolade außer Griffweite – MIST!), **passiert es …**

Es ist wie in einem dieser Filmmomente (Gedankennotiz: Du hast **ewig** nichts mehr geschaut), in dem alles absolut ruhig und friedlich ist, nur damit in der nächsten Sekunde vollkommen unerwartet der reinste **Horror** zuschlagen kann. Es passiert einfach, und du kannst nicht viel mehr tun, als einfach nur zuzugucken. Dein Baby rollt, rutscht, purzelt oder fällt unaufhaltsam von der Couch, vom Wickeltisch, aus dem Bett oder dem Tragetuch … Zum Glück ist selbst das zarteste Baby wesentlich robuster, als es den Anschein hat.

... ist ein unglaublich bewegender Moment. Völlig unerheblich, ob es sich dabei schon um ein ganz bewusstes Wort handelt oder um ein rein zufällig zusammengesetztes Paar Silben, die dein Kind fröhlich sabbernd gluckst – du schmilzt dahin.

DAS 136. MAL, DASS DEIN KIND „MAMA" SAGT

76.
MEILENSTEIN

AM TAG

*„Mama!", „Maaama!", **„Maaaaamaaa! Maaami!",** „Mami!"* Ist es erst einmal heraus, erhöht sich die Frequenz dieses Wortes langsam, aber sicher. Mit Steigerungspotenzial bis ins Unermessliche: „Mama". Und egal wie lange du schon in der Mama-Dauerschleife steckst, egal wie inflationär das Wort auch gebraucht wird, du wirst immer darauf reagieren und zur Stelle sein. Selbst zum 1136. Mal am Tag.
(Könnte ja mal wirklich etwas sein.)

„Mamaaa, wo sind meine Hausschuhe?" – *„Mama, ich muss mal!"* – *„Mami, ich will ein Eis!"* – *„Mamaaa, schau mal!"* – *„Mama, darf ich Fernsehen gucken? Biiitteee!"* – *„Mama, wie kommt das Bild in den Fernseher?"*

Hei, das ist der Auftakt von abertausenden interessanten Fragen, die dir die Welt aus einer völlig neuen Perspektive zeigen: „Warum ist Blau blau?", „Warum sind Zitronen gelb?", „Warum regnet es auch am Sonntag?", „Warum fressen Schmetterlinge Blumen?", „Warum darf Lotta schon in die Schule?", „Warum können Vögel fliegen?", „Warum wird der Mond nicht müde?", „Warum ist der Regenbogen bunt?", „Warum klingelt dein Handy nicht unter Wasser?" ...

78. MEILENSTEIN

DAS ERSTE MAL, DASS DU DIE ANTWORT GOOGELST

Ähh ...
(KLEINEN MOMENT!)

HABEN FRÖSCHE FINGERNÄGEL?

DAS ERSTE MAL, DASS DEIN KIND ETWAS DOOF FINDET

„Haha, wie drollig – das mag es nicht. Schau mal, wie es das Gesichtchen verzieht … **süß!**"

DAS ERSTE MAL, DASS DEIN KIND WICKELN DOOF FINDET

Es windet sich wie ein Aal und kickt wie ein Profi-Fußballer der A-Liga – genau dorthin, wo es richtig sitzt. Außerdem dreht es sich von Rücken- in Bauchlage in Rekordgeschwindigkeit, sodass nur eine Zeitlupe den Vorgang festhalten kann. Du kommst dir vor wie ein Rugby-Fänger, der seinen Gegner auf den Rücken zu legen versucht.

Kein gutes Zureden, kein „Windel wechsle dich"-Spielchen hilft? Du probierst es mit einem anderen Wickelplatz und suchst verzweifelt nach neuen, kreativen Ideen?

Irgendwann bist du so mürbe, dass du selbst vor einer Bestechung mit einem Keks oder einer *Sendung mit der Maus*-Folge nicht mehr zurückschreckst? Jetzt fragst du dich, ob das nur dir so geht? **Willkommen im Club!** (Und wo wir gerade so schön dabei sind, kommen wir doch gleich zum nächsten Punkt …)

DAS ERSTE MAL, DASS DEIN KIND DICH DOOF FINDET

„Du bist doof!" ist eigentlich ziemlich lahm und nicht der Rede wert, wenn wir Großen einander beschimpfen, trifft aber mitten ins Herz, wenn ein drei- oder vierjähriges Kind seine Mutter meint.

Prompt springt unser Mami-Kopfkino an: „Was habe ich bloß falsch gemacht? Bin ich zu streng? Vielleicht nehme ich mir nicht genügend Zeit?" Und eine riesige, überdimensionale Warntafel mit Blinklichtern erscheint vor unserem inneren Auge mit der Aufschrift: „Ich bin eine schlechte Mama!"

Nein. Du bist eine Mama. Und als solche der sichere Hafen, in dem dein Kind sich austoben, schmollen und wüten kann. Es ist enorm wichtig für die Kleinen, sich abzugrenzen und ihre Eigenständigkeit zu fordern. Du bist dabei „nur" so etwas wie ein menschlicher Kratzbaum, ein Prellbock, Puffer, Boxsack, ein Netz oder der doppelte Boden – völlig safe und zu hundert Prozent verlässlich. „Du bist doof" heißt nichts anderes als „Ich vertraue dir". So gesehen ein riesengroßes Kompliment. Zeit, uns mal eben schnell auf die Schulter zu klopfen, zu relaxen, zu lächeln und dabei zu denken: „Ich liebe dich auch!"

DAS ERSTE MAL, DASS DU DENKST, „ES IST NUR EINE PHASE!", „ES IST NUR EINE PHASE!", „ES IST NUR EINE PHASE!" ...

Dein bisher so fröhliches, verschmustes und friedliches Baby ist seit Tagen schon unleidlich, weinerlich und gereizt.
Die Nächte sind der **Horror** (dagegen ist Roman Polańskis *Rosemaries Baby* ein heiteres Feelgood-Movie).
Weder stundenlanges Tragen, Wiegen oder Hopsen auf dem Gymnastikball helfen, noch zeigt die *Weißt du wieviel Sternlein stehen*-Lieblingsspieluhr irgendeinen positiven Effekt.

Auch der Besuch beim Kinderarzt bleibt ohne Befund („Machen Sie sich mal keine Sorgen!"). Dein kleiner Sonnenschein wendet sich plötzlich der dunklen Seite der Macht zu, greift zum Laserschwert anstatt zum Kuscheltier, malt Regenbogen, Sonnenblume und Wolken stilsicher in zeitlosem Schwarz, kratzt, beißt und boxt seine Freunde, geht nicht mehr gerne in den Kindergarten, ohne dass irgendetwas vorgefallen wäre. Du bist besorgt, müde und total verzweifelt.

Ommmmmmmmmmmmmmmmmmmmmmm.

Was ist zu tun? In den allermeisten Fällen: **nichts.**
Denn in aller Regel handelt es sich tatsächlich „nur" um eine
Phase, von denen dein Kind noch Dutzende haben wird,
solange es seine Füße unter oder auf den elterlichen Tisch
stellt. Das Beruhigende daran: Sie geht vorbei. Ganz von
selbst. Und solange sie andauert, hilft dir das magische
Mama-Mantra darüber hinweg: „Es ist nur eine Phase!",
„Es ist nur eine Phase!", **„Es ist nur eine Phase!"** …

Ommmmm ————— mmmmmmmmmm.

„DIE ZEIT VERGEHT WIE IM FLUG!"

83. MEILENSTEIN

Ist dein Baby erst einmal auf der Welt, wirst du dir diesen Satz unzählige Male anhören müssen, in allen möglichen Tonlagen (weissagend, seufzend, sachlich-neutral, nostalgisch, sehnsüchtig, verträumt, warnend) und Variationen („Wie die Zeit vergeht!", „Oh Mann, die Zeit rast – ich weiß gar nicht, wohin!", „Wieder ein Jahr rum: So groß ist Kaja/Maria/Benno/Luzie/Anton/Oskar/Tilda/Willem schon? Gibt's doch nicht!") vor allem von Leuten, deren Kinder schon etwas größer oder bereits aus dem Haus sind.

„Ja, ja", denkst du nur milde lächelnd und täuschst Verständnis vor, während du dein Baby sanft in den Armen wiegst und ihr so in den Tag hineinlebt – und schlummert. Plötzlich wachst du auf, bist Mutter von zwei Kindern, wovon eines bereits in die Schule geht, das andere bringst du in den Kindergarten und danach spurtest du zur Arbeit …

... und in einem Moment der Unachtsamkeit entfährt es dir:

WAHNSINN –
DIE ZEIT VERGEHT
wie im Flug!

Verrückt.

DAS ERSTE MAL, DASS DU DAS ALTER DEINES KINDES IN MONATEN RECHNEST, NICHT IN WOCHEN ...

Für kinderlose Menschen oft eine irritierende und zugleich amüsante Angewohnheit, wenn Eltern das Alter ihres Kindes in Wochen angeben. In den ersten Monaten auch völlig verständlich, aber irgendwann ist es dann mal gut.

Nur – wann genau ist irgendwann? Ab 23, 34 oder 72 Wochen? (Hand aufs Herz, wie lange hast du jetzt gebraucht umzurechnen?)

... ODER IN JAHREN, NICHT IN MONATEN (ODER IN WOCHEN)

Wer seine Mitmenschen spontan zu rechnerischen Hochleistungen motivieren möchte, der fange damit am besten gar nicht erst an. Humorvolle Eltern mit einem ebensolchen, toleranten Umfeld können dies (theoretisch) bis zum 18. Lebensjahr ihres Zöglings durchziehen. (Ab dann ist der Nachwuchs offiziell kein Kind mehr, kann also fortan die Verantwortung für die Nennung des korrekten Alters durchaus selbst mündig übernehmen.)

DAS ERSTE MAL, DASS DICH KOMMENTARE VON ANDEREN NERVEN

SIE ZIEHEN UM? HAHAHA.*

Wenn du mit deinem Kind spontan unterwegs bist und **wirklich** nur das Aller-, Allernotwendigste eingepackt hast.

*humorvolle Nachbarn zum x-ten Mal

86.
MEILENSTEIN

„Koffein ist ja nicht so gut fürs Baby ..."
Während du dir gerade einen winzigen Espresso oder
einen Latte macchiato mit extra viel Milch gönnst.

„Du stillst noch?!" *erschütterter Blick*
Wenn du deinem Kind die Brust gibst.

„Ganz schön proper, Ihr Kleines ..."
Wenn du deinem Kind auf dem Spielplatz einen Keks gibst.

ES HAT HUNGER!/
ES HAT DURST!

DEFINITIV ZU WARM
EINGEPACKT!/ES
FRIERT!

BESTIMMT HAT ES
BAUCHWEH! DU HAST
KEINEN FENCHELTEE DA?

Wenn du dein Kind einmal nicht sofort beruhigen kannst.

DAS ERSTE MAL, DASS DU BEGREIFST, DASS DU ALS MUTTER ALLES NUR FALSCH MACHEN KANNST

87. MEILENSTEIN

Vielleicht lässt du ja dein Kind auf deinem Bauch oder auf der Brust schlafen?

Ts, ts, ts.

„Dein Baby sollte möglichst früh im eigenen Bettchen liegen", behauptet ein Ratgeber, „sonst wird es nämlich nie lernen, eigenständig ins Bett zu gehen."

„Und darf ich fragen, welche Windeln du kaufst? Größe, Marke, Material? Bist du dir sicher, dass es die richtigen sind?", warnt ein anderer.

„Wie, kein Pekip?! Ernsthaft? Oweia, darunter leidet euer Bonding ganz bestimmt nachhaltig ...", meint eine Bekannte.

„Du stillst immer noch?", konstatiert die Schwiegermutter.

„Ihr habt den Kinderwagen gebraucht erstanden? Ist das hygienisch? Wir hätten euch doch das Geld gegeben!", rügt der Großpapa.

PLASTIKSPIELZEUG? ICH BITTE DICH!

88.
MEILENSTEIN

Dein Kind ist gesund?
Es lacht, gluckst, schreit, plappert, kleckert, kleckst, macht in die Windel, rülpst, pupst, schmatzt, nuckelt, krabbelt, sabbert, lächelt, weint, schläft, schmollt, kuschelt, strahlt, erforscht, räumt Schubladen und Regale aus, puzzelt, kritzelt, malt, kreischt, quietscht, brabbelt, buddelt, matscht, schmeißt Sachen herunter, schmeißt Sachen herunter, schmeißt Sachen herunter, schmeißt Sachen herunter, schmeißt Sachen herunter, schmeißt Sachen herunter, schmeißt Sachen herunter …? **Prima!**

(Liebe Mamas, ihr macht das schon.
Einfach mal auf Durchzug schalten.)

REIN

RAUS

DAS ERSTE MAL, DASS DU ZUGEBEN MUSST,
DASS MÄNNER ES ZWAR ANDERS MACHEN
... ABER – HEY – GENAUSO GUT!

90.
MEILENSTEIN

Juhuuu!

DAS ERSTE MAL, DASS DU (IN ERZIEHUNGSFRAGEN)
DEINEN PARTNER
VORSCHICKST ...

91.
MEILENSTEIN

HÖR MAL, SO VON MANN
ZU MANN ... DU BIST JETZT
ALT GENUG, UM ES ZU
ERFAHREN: ALSO, DIE SACHE
MIT DEM OSTERHASEN ...

(Okay, mal kurz daran gedacht.)

Like a virgin, hey, touched for the very first time, like a virgin …

Das erste Mal Sex nach der Geburt (wenn man endlich dazu kommt, JUHU) kann eine mentale Überwindung sein. Schließlich ist da diese kleine Sache gewesen – ja, richtig! Es ist gar nicht so lange her, da hast du ein menschliches Wesen in Größe einer Melone aus dir herausgepresst. Unter Schmerzen. Autsch! Die Geburt ist sicher nicht spurlos an dir vorübergegangen, auch wenn die Details allmählich verblassen. Die gute Nachricht: Meist machen wir selbst viel zu viel Bohei darum. Es ist ein bisschen wie beim ersten Mal: wahnsinnig aufregend – und die nächsten Male sind viel, viel besser (weil wir nicht so angespannt sind).

94. MEILENSTEIN

... weil du es geschafft hast, dein Kind rechtzeitig von A nach B zu bringen, **und(!)** vorher geduscht hast.

WER GEDUSCHT HAT, HAT DEN TAG SCHON *gemeistert!*

DAS ERSTE MAL, DASS DU DIR VORSTELLEN KANNST EIN **WEITERES BABY** ZU BEKOMMEN

Wenn wir frisch aus dem Kreißsaal geschoben werden, ein winziges, runzeliges Wesen im Arm, ist der Gedanke an ein weiteres Kind **unvorstellbar**. Er existiert nicht. Aber hey, die Natur ist einfach genial!

Kaum sind wir wieder eine Weile auf den Beinen und noch vollauf ausgelastet mit unserem Kind, da berührt uns vielleicht der Anblick einer Mutter mit einem Neugeborenen im Vorübergehen, oder wir erinnern uns plötzlich an diese winzigen Händchen und Füßchen, während wir die zu klein gewordenen Kindersachen unserer „Großen" aussortieren. Plötzlich haben wir den zarten Babygeruch wieder in der Nase, und – schwupp – ist er da, der Kinderwunsch.

96. MEILENSTEIN

AUS EINER „FERNEN" ZEIT, ALS DU NOCH KEINE MAMA WARST

UNGESTÖRT BADEN/DUSCHEN ...

PARTY MACHEN ...

AUF DER COUCH LÜMMELN ...

DEINEN FRISEUR ...

ABER DAS WAR ES WERT!

DEINE TAILLE ...

PERFEKT GESTYLT
(UND KEIN BISSCHEN GEHETZT)
AUS DEM HAUS GEHEN ...

DAS ERSTE MAL (NACH DER GEBURT), DASS DIR JEMAND HINTERHERPFEIFT

(UND NICHT SEINEN HUND MEINT)

97. MEILENSTEIN

Toll! Eine alte Hebammenregel lautet: Es dauert (mindestens) genauso lange wie die Schwangerschaft selbst, bis sich sämtliche Veränderungen deines Körpers nach der Geburt wieder zurückgebildet haben. Die meisten Veränderungen, die die Schwangerschaft mit sich bringt, verschwinden hinterher vollständig.

Alle anderen waren es wert. Und stehen dir gut.

(OBENRUM)

DAS ERSTE MAL, DASS DU BEMERKST, DASS DU ALLMÄHLICH ZU DEINER ALTEN FORM ZURÜCKKEHRST ...

98. MEILENSTEIN

Na toll ... *SEUFZ* Egal wie oft wir vielleicht über unsere Riesenbrüste geflucht haben mögen (besonders nachts und als überzeugte Bauchschläfer), der Abschied fällt uns nicht immer leicht.

DAS ERSTE MAL, DASS DU (NACH DER ELTERNZEIT) IN DEINEN **ALTEN JOB** ZURÜCKKEHRST ...

99. MEILENSTEIN

Die ersten Tage fühlst du dich vielleicht wie *Lukas, der Lokomotivführer* auf der Datenautobahn, *Peterchen auf dem Mond*, *Alice im Wunderland* oder *Pippi Langstrumpf* in der Kurzwarenabteilung.

Irgendwie fremd.

Alles ist (wieder) ganz neu für dich.

Du fragst dich: Wovon reden die? Und was mache ich hier überhaupt? Und im Nullkommanix bist du wieder auf dem Laufenden, hast alles auf deinem Schirm, dem Radar und im Griff – inklusive des neuen Kaffeeautomaten ...

Hmmm ...

**Großeltern, Tanten, Onkeln, Freunden sei Dank –
ein kinderfreies Wochenende!**
Was für Möglichkeiten eröffnen sich uns plötzlich: morgens einfach noch liegen blieben, gemütlich im Bett frühstücken, schmökern, das Badezimmer ganz für sich alleine haben, shoppen (ohne Verstecken im Kaufhaus spielen zu müssen oder x-mal die Rolltreppe rauf und runter zu fahren), sich mit Freunden verabreden oder einen romantischen Abend zu zweit genießen ...

Und dann kommt alles anders: Punkt 6 Uhr sind wir wach, wälzen uns hin und her und irgendwann geben wir auf. Also marschieren wir ins Bad – kein Wasser. Da war doch was: Sperrung des Haupthahns zwischen 07:00 und 09:30 Uhr. Super! Dann halt Frühstück im Café. Heute leider Hochzeitsgesellschaft. Schauen wir doch mal in die Stadt. Im Kaufhaus fahren wir die Rolltreppe ein paar Mal rauf und runter. Jetzt geht es uns schon wieder etwas besser. Zu Hause decken wir den Tisch für alle und drehen das Radio laut auf, weil es sonst nie so still bei uns ist. Dann sehen wir uns lachend Fotos der Kinder auf dem Handy an. Die Freunde haben ausgerechnet dieses Wochenende keine Zeit. Abends kuscheln wir uns hundemüde auf die Couch und schlafen ein.

Wenn die Kinder zurückkommen, rennen wir zur Tür und umarmen sie stürmisch. Die Kinder wiederum erzählen uns begeistert von ihrem **fantastischen** Wochenende und haben uns scheinbar nicht das kleinste bisschen vermisst. Ihre Lieblings-Spielsachen hingegen schon. Die werden nämlich sofort hervorgekramt und in der ganzen Wohnung verteilt.

Hmmm!

Ein paar Wochenenden später haben wir dazugelernt:
Kaum sind die Kinder zur Tür raus, wird das Wochenende
eingeläutet! Und die Koffer gepackt. Die Freiheit ruft – besser
gesagt, das verträumte Landhotel mit kleinem Spa-Bereich
und Halbpension zum absolut romantischen Pärchen-Schnäpp-
chen-Preis. Und unsere besten Freunde nehmen wir gleich mit.

Wenn die Kinder zurückkommen, rennen wir zur Tür und umarmen sie stürmisch. Die Kinder erzählen uns begeistert von ihrem **fantastischen** Wochenende und haben uns scheinbar wieder einmal nicht das kleinste bisschen vermisst. (Wir sie aber auch nicht. Jedenfalls nicht so richtig. Ätsch!) Und wenn sie dann ihre Lieblings-Spielsachen in der ganzen Wohnung verteilen, helfen wir sogar mit.

Text: Johanna Jovis

Covergestaltung: arsEdition GmbH

Illustration Cover und Innenteil, grafische Gestaltung Innenteil: Lena Hesse

Lena Hesse wird vertreten durch Agentur Brauer

ISBN 978-3-8458-3342-2

1. Auflage

www.arsedition.de